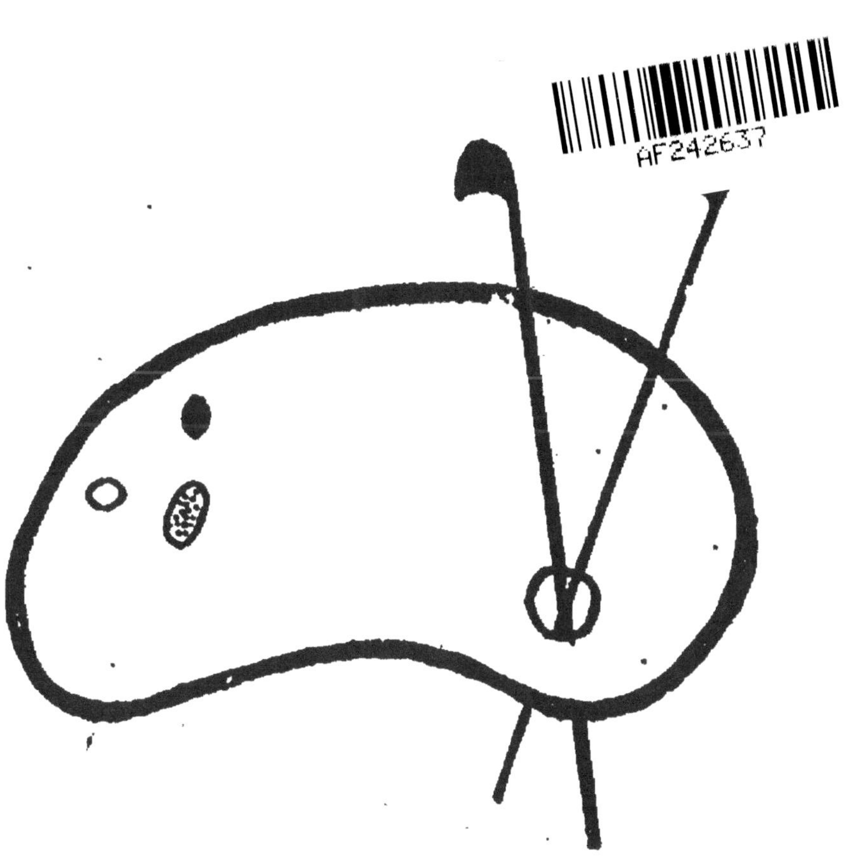

AF242637

DEBUT D'UNE SERIE DE DOCUMENTS
EN COULEUR

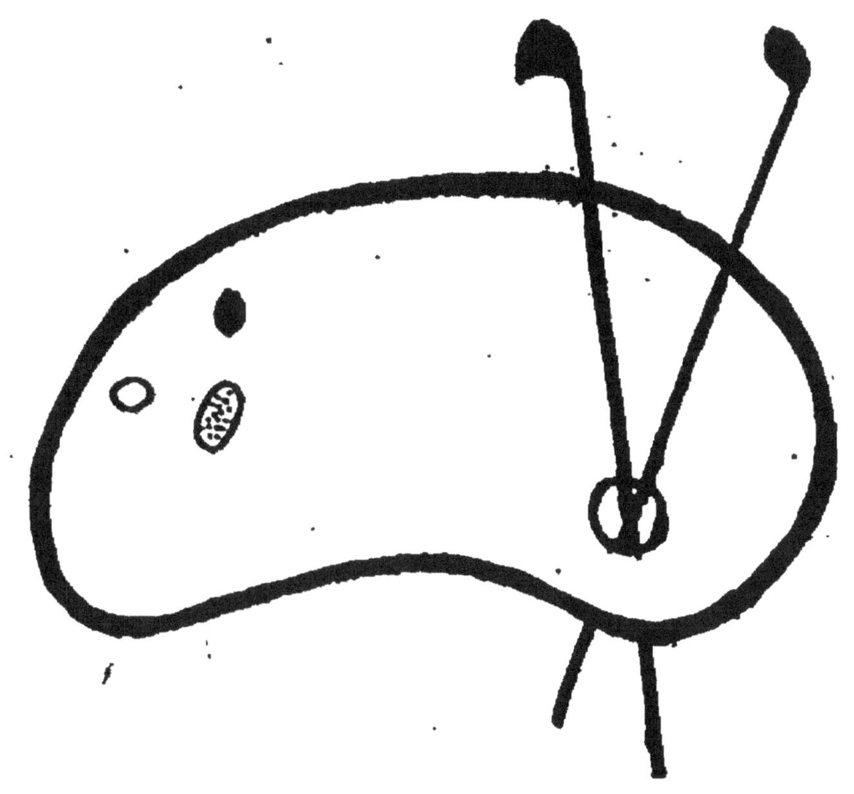

FIN D'UNE SERIE DE DOCUMENTS
EN COULEUR

LES PYRAMIDES D'ÉGYPTE

*Lecture faite à la Séance publique annuelle
de la Société des Antiquaires de l'Ouest*

Le 9 Janvier 1887

Par M. Philippe RONDEAU

MESDAMES, MESSIEURS,

Au commencement de novembre, les journaux m'apprenaient que, dans la soirée du 13, une conférence serait faite au Cercle historique, dit cercle Saint-Simon, par M. Maspéro, sur les découvertes égyptiennes les plus récentes. Les conférences sont certainement un des grands attraits de Paris pour les personnes qui, parmi tant de plaisirs, y recherchent surtout ceux de l'esprit. Elles sont faites, en général, par des hommes très distingués qui, après un travail de plusieurs mois, et souvent de plusieurs années, répandent en une seule fois et en une seule heure, le savoir qu'ils ont amassé dans leurs veilles laborieuses.

Cette fois, quel sujet! l'Egypte, la terre des merveilles et du mystère! — Et quel conférencier! Le savant de l'Europe qui la connaît peut-être le mieux, offrant comme programme l'exposé des plus récents progrès des sciences égyptologiques et de ceux qu'on a le droit d'espérer dans un prochain avenir.

Je fus pris, je le déclare, d'un désir immodéré de l'entendre. J'en oubliai toute prudence ; et quand je me présentai, à l'heure dite, au cercle Saint-Simon; on me répondit avec autant de fermeté que de politesse que le cercle n'était ouvert, qu'à ses membres et que je ne pouvais entrer. Et comme j'insistais : — « Avez-vous » quelques recommandations, me dit-on ? » — Aucune ? — Y connaissez-vous du » moins quelqu'un ? — Personne. — » Nous en sommes désolés, mais votre » admission à la séance est chose impos- » sible. » — Le mot *impossible* me fit bondir. A la passion archéologique venait de se joindre l'attrait du fruit défendu.

A peine eut-on prononcé le mot *impossible* que je me dis : « J'entrerai ». — J'écrivis aussitôt sur ma carte quelques mots magiques, et les portes s'ouvrirent : grâce à vous, mes chers confrères, et je vous en remercie. Quand on a l'honneur d'être un ancien président de la Société des Antiquaires de l'Ouest, on entre partout.

Il était temps d'arriver ; la salle était comble. Une chaleur étouffante y donnait une sorte d'impression locale : on se serait cru dans une chambre des Pyramides. L'auditoire était des plus sérieux. Le cercle Saint-Simon n'est guère ouvert qu'à des hommes marquants dans l'étude de l'histoire, des sciences ou des lettres. Les dames ne sont point admises à ses solennités ; le plaisant ne s'y mêle point au sévère : on n'y voit que cravates blanches et habits noirs. Enfin, pour vous donner en deux mots une idée précise de cet imposant auditoire, je vous dirai, en mettant de côté toute modestie, non par juste raison, mais pour ne pas manquer au respect dû par moi-même à la dignité dont vous m'avez deux fois honoré, que nous étions tous, moi compris... de vieux savants.

Le plus jeune était probablement l'éminent conférencier, M. Maspéro ; lui qui cependant allait nous raconter qu'il avait vu, de ses propre yeux vu, ce qui s'appelle vu.... et touché Sésostris lui-même, ce grand roi qui vivait il y a un peu plus de trois mille ans. M. Maspéro revient d'Egypte, où il a passé plusieurs années à enrichir des plus précieux trésors archéologiques le musée de Boulacq, dont il était conservateur.

Il a fait de si précieuses découvertes et mis au jour une prodigieuse quantité de documents qu'il ne faudra plus maintenant que de la patience et du temps pour les mettre en ordre, les étudier complètement et exposer dans tous les détails cette histoire de l'Egypte et des peuples de l'Orient, si confuse encore il y a cinquante ans et sur laquelle on peut lire déjà bien des publications importantes.

Le programme de la conférence était : les pyramides, considérées sous le rapport de leur mode de construction et de leur destination.

Bien des systèmes ont été conçus au sujet des pyramides : c'était, en réalité, les tombeaux des rois, et ce n'était pas autre chose. Dès qu'un Pharaon arrivait au trône, son premier soin était de préparer son tombeau. Ses principaux officiers parcouraient l'Egypte à la recherche de la plus belle pierre pour y creuser le sarcophage que l'on mettait en place, avant de construire au-dessus la chambre sépulcrale dans laquelle il devait être enfermé. Cette chambre était ensuite enveloppée, si je puis ainsi parler, dans une première couche de la pyramide, c'est-à-dire dans une masse d'énormes blocs dont les intervalles étaient remplis de moellons de toute grosseur, tels que ceux employés aujourd'hui pour nos maisons. Autour de cette première construction on en disposait une seconde, puis une troisième et généralement on travaillait à la pyramide jusqu'à la fin du règne. Ce n'est qu'après la mort du prince et lorsque sa momie avait été déposée dans le sarcophage que la pyramide recevait son dernier revêtement de gros blocs de pierre par les soins de son successeur.

On se tromperait pourtant si l'on croyait pouvoir juger de la durée d'un règne d'après les dimensions de la pyramide, comme un botaniste apprécie l'âge d'un chêne par le nombre des couches concentriques de son tissu ligneux. Chéops, qui a construit la plus considérable des pyramides de Giseh, n'a eu qu'un règne assez court ; plusieurs Pharaons, au contraire, après un long règne, ont laissé des pyramides relativement petites. Cela tenait, tout simplement, à l'activité plus ou moins grande qu'on imprimait aux travaux.

Longtemps on a cru que beaucoup d'années et l'emploi simultané d'une multitude d'ouvriers étaient nécessaires à l'achèvement de ces monuments gigantesques. M. Maspéro prétend le contraire : il croit à une exagération des historiens grecs. Cette opinion toute nouvelle, et qui lui est propre, allait être, pour la première fois, développée dans sa conférence.

« Le vrai moyen, a-t-il dit, d'apprécier comment un édifice a été construit, c'est de le démolir. Or j'ai ouvert un certain nombre de pyramides, et il ne m'a jamais fallu plus de cinquante ouvriers bien dirigés pour faire mouvoir et transporter des masses de pierres aussi grosses que les plus gros blocs des grandes pyramides. Sans doute avec ce petit nombre d'hommes il faut y mettre le temps, mais on y parvient. »

Et puisqu'il est question de temps, combien en faudrait-il, suivant M. Maspéro, pour construire une pyramide , même la plus grande? Là encore il croit à une exagération des historiene. D'après ses calculs, il ne faudrait guère plus de trois ans. Et comme il était lui-même étonné de ce résultat, il avait prié plusieurs maçons égyptiens de faire, chacun de son côté, la même recherche, d'après des procédés à eux. Les résultats ont été presque identiques. M. Maspéro considère donc ce nombre de trois ans comme acquis. Il n'est toutefois, bien entendu qu'approximatif.

En écoutant cet exposé, plus lumineusement fait que je ne saurais le reproduire, je me demandais, Messieurs, si nous n'arriverions pas un jour à découvrir, avec certitude, par quels procédés nos ancêtres les plus éloignés, les premiers habitants des Gaules, parvenaient à transporter ces énormes masses, dolmens et menhirs, qui se dressaient, si multipliés, sur toute la surface du pays. Il y a d'autant plus à l'espérer qu'il est bien reconnu que les mêmes procédés sont presque toujours employés par les peuples primitifs. Les hommes, à ces âges reculés, étaient peut-être plus robustes que de nos jours : mais leur taille ne dépassait pas la nôtre, comme cela est prouvé par les momies, et la durée de la vie était la même, ainsi que cela résulte, d'après M. Maspéro, de certaines inscriptions hiéroglyphiques qu'il a déchiffrées.

Mais pourquoi les Pharaons tenaient-ils à être ensevelis dans des monuments aussi coûteux et aussi fastueux que les pyramides ? Etait-ce seulement, comme beaucoup l'ont pensé, par excès d'orgueil ? N'avaient-ils pas un motif plus profond ? C'est l'opinion de M. Maspéro : mais comme cette opinion est fondée sur les croyances religieuses des Egyptiens, il a dû tout d'abord présenter de ces croyances un exposé sommaire dont je vais à mon tour faire le résumé.

Les Egyptiens étaient un peuple essentiellement religieux. Ils croyaient à la vie surnaturelle d'outre-tombe ; mais leurs idées sur l'âme étaient singulières, et aussi difficiles à comprendre qu'à expliquer. Ils admettaient au moins deux âmes. La première, qu'ils nommaient *le double*, était la représentation très exacte, mais invisible et en quelque sorte éthérée du corps de l'homme : la seconde, encore spiritualisée, était comme une flamme légère qui s'éloignait du corps après la mort.

Le *double*, au contraire, restait auprès du défunt et ne devait s'en séparer jamais. Mais il était indispensable pour cela que le cadavre lui-même, réduit à l'état de momie, continuât d'exister, c'est-à-dire qu'il ne fût pas détruit dans ses formes essentielles.

Tant que la momie était conservée, ou même qu'à son défaut il existait une statue du mort, d'une ressemblance exacte et minutieuse, le double vivait à côté, dans le tombeau, ayant les mêmes occupations, les mêmes besoins et les mêmes jouissances qu'avait eus le défunt pendant sa vie. Cela n'était possible que parce que, d'après une autre croyance égyptienne, chaque animal et chaque objet matériel avait aussi son *double*, c'est-à-dire son âme particulière.

Voulait-on, par exemple, donner à manger au mort? On présentait à sa statue un pain que l'on brisait, ou que l'on *tuait*, suivant l'expression de M. Maspéro. pour que l'âme du pain servît à nourrir l'âme du mort. De même, si l'on pensait qu'il eût besoin d'un couteau, on brisait, c'est-à-dire que l'on tuait un couteau dont le *double* allait se placer dans la main du double de la momie.

Mais si la momie du défunt venait à être anéantie, par une cause quelconque, et que les nombreuses statues qu'on avait soin de faire faire à son image fussent en même temps détruites jusqu'à la dernière, le *double* cessait de vivre et rentrait dans le néant. C'était la grande frayeur des Egyptiens et ce qu'ils voulaient éviter à à tout prix.

Cette croyance à une sorte de vie matérielle dans le tombeau était générale chez les peuples de l'antiquité. La coutume de donner à manger aux morts s'est même perpétuée, dans certains pays, jusqu'à nos jours. Je tiens d'un savant voyageur qu'en Epire, à l'occasion d'une fête célébrée le 22 février de chaque année, les populations, musulmanes ou autres, apportent des aliments sur les tombes de leurs parents et de leurs amis.

Comment la croyance à la persistance d'une âme à côté des restes du défunt, tant que ceux-ci n'étaient pas dénaturés, s'est-elle accommodée des changements apportés dans les modes de sépulture? Il y aurait là le sujet d'une intéressante étude. L'inhumation proprement dite, et surtout la modification ou l'embaumement suivant les procédés égyptiens, laissaient au moins subsister la forme de l'homme. Mais lorsque le corps était réduit en cendres, sur un bûcher, qu'en restait-il qui permit de rappeler les occupations de la vie?

Il est probable que si la vieille coutume s'est perpétuée, c'est précisément à cause du peu de netteté de l'idée qu'avaient les anciens de la vraie nature de l'âme. Je parle ici des anciens peuples autres que les Egyptiens : car chez ces derniers, la momification des corps ne cessa jamais d'être en usage, même chez les pauvres.

D'ailleurs, il faut bien reconnaître que l'idée égyptienne d'une sorte d'âme, le *double*, accompagnant le corps dans le tombeau et ne continuant à vivre qu'autant que la momie conservait sa forme ou que l'image en pierre du défuut n'était pas brisée, cette idée, dis-je, qui paraît si simple au premier abord, laissait à désirer beaucoup au point de vue de la logique. La momie n'était point tout l'homme corporel; loin de là. Après les soixante-dix jours de préparation auxquels était soumis le cadavre, il ne restait guère de lui que la peau et les os. Les principaux viscères étaient enlevés et mis à part. Le cœur surtout était embaumé avec grand soin ; on le plaçait dans le sarcophage, enfermé dans une urne spéciale que surmontait la figure d'un épervier, symbole d'immortalité. Les médecins égyptiens considéraient le cœur comme le siège de l'intelligence et des passions. Depuis long-temps les nôtres ont changé tout cela, sans avoir pu enlever du langage usuel certaines locutions dont l'origine remonte évidemment à l'Egypte.

Si, par exemple, en parlant de l'une des personnes qui me font l'honneur de m'écouter je dis qu'elle a donné ou qu'elle donnera son cœur, j'emprunte à l'antiquité égyptienne la plus reculée cette forme de langage, expression d'un fait psychologique de tous les pays et de tous les jours.

Quoiqu'il en soit, la croyance universelle des anciens à la survivance de l'âme dans le tombeau, à côté des restes du défunt, est prouvée par de nombreux témoignages. Ici même, à côté de nous, dans notre riche musée, est un petit monument que je me permets de recommander, dans cet ordre d'idées, à une attention toute particulière de votre part. C'est l'appareil funéraire que vous avez certainement remarqué dans l'angle de la grande salle, à gauche en entrant. L'urne qui contient les cendres est comme enveloppée dans une sorte de niche en pierres sèches, et à travers ces pierres est ménagé un canal étroit qui s'élève au-dessus de l'urne et la met en communication avec le dehors.

Quel était l'usage de ce conduit? Il est si étroit, son ouverture est si exigue qu'on estime tout d'abord qu'il ne pouvait guère être destiné qu'à transmettre des paroles. Cependant j'avais quelques doutes et je crus prudent de consulter d'éminents archéologues. Il me fut répondu qu'il n'était rien moins que prouvé que ce conduit fût destiné à permettre aux vivants de converser avec le mort ; que cette opinion n'était appuyée par aucun texte, et qu'ils ne connaissaient aucun monument semblable à celui dont je leur faisais la description. Prêt à m'incliner devant leur savoir j'étais décidé, dans le doute, à m'abstenir de vous en parler, lorsque je trouvai dans un livre de M. Maspéro la révélation suivante (1) :

(1) Histoire ancienne des peuples de l'Orient. — 4ᵉ édition, page 55. — Hachette, 1886.

« En Egypte, dit-il, les statues du dé-
» funt étaient placées pêle-mêle dans un
» étroit réduit ménagé au milieu de la
» maçonnerie. D'ordinaire ce réduit ne
» communiquait pas avec la chambre et
» restait perdu dans la muraille ; quel-
» quefois il était relié avec elle par une
» sorte de conduit si resserré qu'on a peine
» à y glisser la main. A certains jours les
» parents venaient murmurer quelques
» prières et brûler des parfums à l'orifice :
» prières et parfums étaient censés arriver
» par là jusqu'au mort. »

Quand on connaît la persistance des croyances et des coutumes, comment ne verrait-on pas, dans le conduit mystérieux du petit monument de notre musée, un similaire de celui dont parle M. Maspéro ? S'il n'y a pas là, par suite du défaut de textes historiques ou épigraphiques, une certitude absolue, on peut reconnaître au moins que c'est, comme on aurait dit au temps de Pascal, une *opinion probable*.

Mais enfin, pourquoi les Pharaons vou-laient-ils que leurs sarcophages fussent enfouis dans les profondeurs des pyra-mides ? Avant d'arriver à répondre à cette question, qu'il avait posée dès le début, M. Maspéro a fait un long détour. Je l'ai suivi à distance et j'ai fait un détour encore plus long. Peut-être trouverez-vous que c'est un peu trop battre les buissons. Mais outre qu'au point de vue scientifique il était utile de rapprocher les monuments égyptiens de ceux que nous avons sous nos yeux, dans notre pays, et dont l'origine se perd dans la nuit des temps, j'éprouvais un plaisir intime, je vous le déclare, à rappeler les dolmens que nous avions visités ensemble, mes chers confrères, dans nos promenades archéologiques, et de revenir par la pensée dans notre belle salle d'antiquités que nous avons vu établir, enrichir et classer par les soins des savants et habiles confrères auxquels a été successivement confiée la conservation de nos musées. Ce temps que j'ai passé au milieu de vous sera toujours, soyez-en sûrs, un de mes meilleurs et de mes plus chers souvenirs.

Maintenant je reviens à la question et je réponds, d'après M. Maspéro, que si les Pharaons voulaient que leurs momies fussent placées sous des monuments impérissables, c'était, par-dessus tout, pour en assurer la conservation, et pour empêcher que l'anéantissement de leur corps n'entraînât la mort de leur âme et son retour au néant.

Les Egyptiens de la classe pauvre prenaient, comme ils pouvaient, des précautions analogues : ils priaient leurs parents d'enfouir leurs momies dans la terre ou le sable aussi profondément que possible et de placer par-dessus les plus grosses pierres qu'ils pussent remuer.

Ils étaient ainsi suffisamment protégés, n'ayant point, et pour cause, à redouter la cupidité des violateurs de tombeaux. Mais il n'en était pas de même des rois, à côté desquels on plaçait dans le sarcophage un certain nombre d'objets précieux, bons à piller. Aussi, comme ils possédaient la toute-puissance et qu'ils avaient à leur disposition la fortune de l'État, au lieu de faire placer par-dessus leur momie, comme leurs simples sujets, un amas de pierres ou une sorte de dolmen, ils élevaient une pyramide.

M. Maspéro a donné à ce sujet de curieux détails. L'ouverture de la pyramide était toujours placée à une certaine hauteur au-dessus du sol et soigneusement dissimulée. Parvenait-on à la découvrir, on se trouvait à l'entrée d'un étroit couloir à pente extrêmement rapide sur une longueur de quelques mètres. Ce couloir tournait ensuite brusquement à angle droit, retournait encore, et amenait le vi-

siteur téméraire en face d'un obstacle in-
surmontable. C'était une herse, ou plutôt
une succession de trois herses de pierre,
placées à la suite les unes des autres à
quelques centimètres de distance et qu'on
ne pouvait ni franchir, ni soulever, ni
tourner. Chacune d'elles était disposée et
mise en place comme il suit : quand on
construisait la galerie, on avait soin de
ménager dans deux gros blocs, faisant
parois, deux retraits profonds qui for-
maient comme deux entailles ou, si vous
voulez, deux rainures, placées exactement
l'une vis-à-vis de l'autre. Dans l'une de
ces rainures on disposait debout, avant
de recouvrir le couloir, un bloc énorme
de granit. Etant debout, il n'obstruait pas
encore le passage, et laissait toute liberté
d'aller et de venir aux ouvriers qui avaient
à travailler à la chambre funéraire. Mais
sitôt que la momie royale était déposée
dans le sarcophage et que toutes les céré-
monies étaient terminées, on laissait re-
tomber le bloc, qui s'emboîtait dans la
rainure d'en face, et l'on se persuadait
qu'on avait fermé le passage pour l'éter-
nité. C'était compter sans les voleurs....et
sans les archéologues. Aussi, Messieurs,
rien n'y a fait. Les tombes royales ont

été maintes fois violées et pillées par les Arabes, les sarcophages brisés, les momies jetées de côté, mutilées ou emportées. Jugez de quelle persévérance il fallait user pour parvenir à la chambre funéraire, après même qu'on avait découvert le passage secret ! M. Maspéro, arrêté par les herses de pierre, n'a trouvé qu'une chose à faire : les percer pour passer au travers ; et le granit était si dur que plus d'une fois, pour en percer une seule, il lui a fallu plus d'une semaine de travail avec de bons ouvriers et de bons outils.

Mais quel obstacle résisterait à la passion d'un archéologue ? Il démolirait sans scrupule une maison pour découvrir dans ses fondations quelque richesse archéologique !

On ne saurait pourtant en vouloir à l'éminent égyptologue d'avoir éventré quelques pyramides que les pillards avaient oublié de visiter. Le monde savant lui doit au contraire une vive reconnaissance pour une découverte qui lui est personnelle et d'où va jaillir une vive lumière sur l'histoire de l'Egypte et de ses institutions : c'est la découverte des pyramides à inscriptions.

Jusqu'à lui on n'avait pas encore trouvé d'inscriptions dans les pyramides. Mariette avait même établi en principe qu'il ne pouvait y en avoir et que, par suite, on n'en découvrirait jamais. Cependant, trois semaines avant sa mort, ses prévisions étaient démenties par les faits : une pyramide, ouverte par M. Maspéro, laissait voir, dans la chambre funéraire, une inscription en petits hiéroglyphes, couvrant toute la paroi de l'appartement, de six mètres de hauteur. Cette seule inscription, imprimée en caractères ordinaires, formerait un volume.

Quel encouragement à visiter les nombreuses pyramides encore inexplorées! Que de matériaux ont le légitime espoir d'amasser les historiens futurs de l'Egypte!

Mais si la découverte des pyramides à inscriptions est, au point de vue scientifique, la plus importante qu'ait faite M. Maspéro, la plus curieuse est certainement celle des momies de trois dynasties de rois, parmi lesquels figure Ramsès II, le fameux Sésostris, le plus illustre des Pharaons, le seul dont le nom ait été retenu à la fois par la légende et par l'histoire.

A une époque très reculée, les prêtres chargés de la garde des tombeaux de ces rois craignirent de ne pouvoir, malgré tous leurs soins, les soustraire aux voleurs égyptiens ou arabes dont l'audace est incroyable. Il prirent le parti d'enlever leurs cercueils et de les transporter secrètement au loin, dans un endroit très retiré et presqu'inaccessible. Là ils furent entassés à peu près pêle-mêle : et la cachette était si sûre qu'ils passèrent ainsi trois mille ans, échappant à toutes les recherches et qu'ils ne furent découverts que dans ces dernières années, en 1881, un peu par hasard, et surtout grâce à l'intelligence et à l'activité de M. Maspéro. Tous sont actuellement au musée de Boulacq, où de nouvelles salles ont été construites exprès pour les recevoir.

« Les grands souverains, dit M. Maspéro (1), Toutmos III, Seti Ier, Sésostris, « Ramsès III, ne sont plus des noms détachés de toute forme et flottant dans « l'imagination sans couleurs et sans contours : on les voit, on les touche, on me-

1. Lecture faite par M. Maspéro à l'Académie des Inscriptions et Belles-lettre le 19 novembre 1886, *in fine*.

« sure leur taille, on jauge la capacité de
« leur cerveau, on sait quelle était la coupe
« de leur nez et de leur bouche ; et, comme
« s'il s'agissait d'un contemporain, on
« publie leur portrait d'après nature, en
« photographie. »

Le transport à Boulacq de la première
momie donna lieu à de curieux incidents
par lesquels M. Maspéro parvint à dérider
son sérieux auditoire.

C'était la momie d'un Pharaon peu im-
portant dont je n'ai pas retenu le nom.
Son sarcophage avait été pillé par les
Arabes. La momie avait été trouvée gi-
sant par terre, toute mutilée : la tête même
était séparée du tronc. M. Maspéro s'en
empare, la raccommode tant bien que
mal, la soigne et la refait présentable. Le
voyage à entreprendre était long. Il fallait
traverser le désert, prendre le chemin de
fer, et descendre le Nil jusqu'à Boulacq.
La traversée du désert se fit à dos d'âne,
sans encombre.

Arrivé au chemin de fer, M. Maspéro
se dispose à mettre la momie aux bagages. Mais le chef de gare est un demi-
savant qui connaît les momies et qui
s'écrie : — « Mais une momie, c'est
» un homme : a-t-on jamais vu mettre un

» homme aux bagages ! Cela ne sera
» point ». — Et il faut, bon gré mal gré,
prendre pour la momie un billet de première classe.

A la descente du wagon, nouvel ennui.
C'est la douane qui se présente en la personne d'un douanier fort ignorant. Impossible de lui faire comprendre ce que
c'est qu'une momie.

Il crie aussi fort que l'autre : — « Prouvez-
« moi que ce que vous appelez une momie
« est une denrée taxée et qu'elle figure sur
« mon livre de taxe. Alors vous paierez
« les droits et vous passerez; sinon vous ne
« passerez pas.» — Et le voilà qui feuillette
son livre, cherche, recherche, et ne trouve
rien. — « Eh ! bien, dit-il, voyez-vous,
« c'est décidé; vous ne passerez pas. » —
Cependant le temps pressait, la nuit était
venue et le bateau allait partir ; c'était dé-
sespérant : que faire ? Un expédient sauva
la situation. Quelques pièces de monnaie
ayant entr'ouvert l'esprit du douanier, il
reconnut, avec M. Maspéro, que la momie,
un peu visqueuse et de couleur jaunâtre,
avait une certaine ressemblance, surtout
la nuit, avec une denrée très connue qui
figurait sur le livre des tarifs. On paya les
droits et l'on passa. Voilà comment, dit

M. Maspéro en terminant sa conférence, ce fut à titre de *poisson salé* que le Pharaon rentra dans son royaume après un exil de trois mille ans.

Au sortir du cercle Saint-Simon, en longeant le boulevard, je songeais et me disais : l'égyptologie a certainement fait des progrès considérables : elle en fera de plus grands encore. La mine est trouvée, les richesses abondent ; et quand ces longues et innombrables inscriptions que chaque jour découvre, auront été lues, groupées et commentées, dans cinquante ans au moins, dans cent ans au plus, nous posséderons l'histoire de l'Egypte comme nous possédons celle de la France.

Nous connaissons aujourd'hui sur la vie des Egyptiens une multitude de détails ignorés de nos ancêtres : est-ce à dire pour cela qu'avant le xix⁰ siècle on n'eût sur l'Egypte que des notions erronées ? Déjà l'on est bien revenu des accusations d'exagération portées contre Hérodote et Diodore de Sicile. Je suis persuadé que si des particularités sont maintenant mieux connues, les grandes lignes ont peu changé. Voyons donc ce qu'on savait de l'Egypte, en France, il y deux siècles.

Rentré chez moi, j'ouvris un vieux livre d'histoire écrit d'après les anciens.

Je suis, messieurs, le premier à reconnaître que c'est un ouvrage bien démodé, quoiqu'il ait joui de plus d'un siècle et demi de gloire. Le monde, aujourd'hui, ne le lit guère, et il a raison; car il ne saurait le comprendre, ce livre étant sublime.

Le *Discours sur l'histoire universelle*, puisqu'il faut l'appeler par son nom, renferme un long chapitre sur l'Egypte. Prenons-y seulement ce qui concerne les pyramides. S'agit-il de leur destination? Bossuet n'hésite pas et il écrit : — « Les pyra- « mides étaient des tombeaux. » — Puis, comme il sait les violations commises, il ajoute : « Encore les rois qui les ont » bâties n'ont-ils pas eu le pouvoir d'y » être inhumés, et ils n'ont pas joui de » leur sépulcre. »

Il y avait, certes, du mérite à mettre ainsi le doigt sur la vraie destination des pyramides au milieu des opinions si contradictoires et si étranges qui se sont produites à cet égard. Les uns y ont reconnu des observatoires ; les autres des greniers d'abondance établis par Joseph en prévision des sept années de disette : enfin il existe encore de nos jours une secte qui prétend faire résulter de cer-

laines combinaisons de hauteur, de longueur, d'épaisseur et d'orieutation des
pyramides la prédiction de la fin du
monde, dont le terme serait, dois-je le
dire ?..... la présente année 1887. C'est ce
qu'a raconté M. Maspéro à son auditoire
qui a ri, n'y croyant pas. Je pense comme
l'auditoire et j'y crois si peu que je n'hésite pas, Messieurs, malgré les astrologues
égyptiens ou autres, à espérer que cette
année, dont nous venons à peine de
franchir le seuil, sera pour vous tous
heureuse et légère.

Quand Bossuet veut signaler les motifs
qui ont poussé les Pharaons à édifier les
pyramides, il est presque d'accord avec
M. Maspéro.

Ecoutez plutôt : — « Vous vous éton-
» nez de voir tant de magnificence dans
» les sépulcres de l'Egypte. C'est
» qu'outre qu'on les érigeait comme des
» monument sacrés pour porter aux
» siècles futurs la mémoire des grands
» princes, on les regardait encore comme
» des demeures éternelles. Les maisons
» étaient appelées des hôtelleries où l'on
» n'était qu'en passant, et pendant une
» vie trop courte pour terminer tous nos
» desseins ; mais les maisons véritables

» étaient les tombeaux que nous devions
» habiter pendant des siècles infinis. »

Bossuet écrivait pour le dauphin, dont il était précepteur. Il ne cache pas sa prédilection pour cette nation égyptienne, si religieuse, où rois et sujets passaient leur vie à se préparer à la mort. Il n'oublie rien, ni les institutions, ni les mœurs, ni les arts, ni les monuments. Ces derniers, qu'il n'a pourtant jamais vus, le saisissent par leur majesté, et ce grand et beau génie, devinant l'archéologie dans ce qu'elle a de plus noble et de plus patriotique, s'exprime ainsi :

« Maintenant que le nom du Roi pénètre
» aux parties du monde les plus incon-
» nues, et que ce prince étend aussi loin
» les recherches qu'il fait faire des plus
» beaux ouvrages de la nature et de l'art,
» ne serait-ce pas un digne objet de cette
» noble curiosité, de découvrir les beau-
» tés que la Thébaïde renferme dans ses
» déserts, et d'enrichir notre architecture
» des inventions de l'Egypte ? Quelle
» puissance et quel art a pu faire d'un
» tel pays la merveille de l'univers ? et
» quelles beautés ne trouverait-on pas si
» on pouvait aborder la ville royale, puis-

» que si loin d'elle on découvre des choses
» si merveilleuses. »

Eh ! bien, Messieurs, ce vœu du grand homme a été rempli.; et nous avons le bonheur et l'orgueil de proclamer que la conquête scientifique de l'Egypte est une conquête française. Commencée par les savants illustres qui accompagnèrent Bonaparte; continuée par un homme de génie, Champollion qui, le premier, déchiffra les hiéroglyphes ; puis par les Mariette et les Rougé, elle se poursuit aujourd'hui par les Maspéro, les Pierret et d'autres encore, et par eux ou leurs disciples elle arrivera jusqu'à son parfait achèvement.

La Conférence que j'avais entendue m'avait charmé. Si j'ai essayé de la reproduire en partie devant vous, Messieurs, c'est dans la pensée que le plus sûr moyen de vous plaire était de vous entretenir d'un pays au seul nom duquel l'imagination est toujours ravie. Quel autre, en effet, rappelle de plus lointains souvenirs et de plus grands noms? Sésostris, Moïse, Alexandre, César ! Quel autre fait plus fortement vibrer dans notre âme la fibre chrétienne et patriotique? C'est en Egypte que le Christ enfant a essayé ses premiers pas, et les ruines de la Thébaïde ont servi d'asile aux premiers anachorètes. Douze cents ans plus tard, les Français sont en Egypte : le Nil voit l'héroïsme et la piété de saint Louis. Encore cinq siècles, et le désert entend la voix qui prend les pyramides à témoin de la valeur de nos soldats. Enfin, de nos jours, quand le fracas des armes a fait place aux travaux de la paix, n'est-ce pas une main française qui a coupé l'isthme, et fait de cet obstacle un passage à travers lequel l'Occident va rendre à l'Orient une civilisation infiniment supérieure à celle qu'il en a reçue ?

Eblouie de tant de merveilles et de tous ces souvenirs, écrasée par l'immensité des temps, troublée par les mystères qui se dévoilent et par ceux qu'elle ne connaît point encore, notre âme se laisse aller à une sorte de rêve, et dans ce rêve flotte toujours une vision des gloires et des grandeurs de la France.

1823. — Poitiers, Imprimerie Blais, Roy et Cie.